BUSINESS STORIES

GOOGLE

De la startup de garage au géant du web

Par Guillaume Fastré
Sous la direction de Soraya Belghazi

50MINUTES.fr

GOOGLE

DE LA *STARTUP* DE GARAGE AU GÉANT DU WEB

À quelques mois du deuxième millénaire, Sergey Brin et Larry Page se dirigent vers les bureaux d'Excite, en Californie, avec la ferme intention de vendre leur entreprise. Ils proposent à George Bell, le PDG d'Excite, d'acheter leur société pour un million de dollars américains. Excite est alors une entreprise fleurissante qui offre un ensemble de sites web et de services très populaires, faisant souvent la une des magazines traitant de technologie.

George Bell refuse l'offre, malgré la volonté de Sergey et Larry de descendre le prix à 750 000 $. Rentrés bredouilles, les deux amis prennent la décision de continuer à développer leur projet de moteur de recherche, qui consiste à classer et organiser l'ensemble des pages web pour pouvoir y retrouver des informations. À l'époque, ils sont loin d'imaginer que ce refus et cette obstination les hisseraient à la tête de l'une des entreprises les plus influentes du XXIe siècle, faisant d'eux des milliardaires.

Grâce à cet ouvrage, découvrez comment deux étudiants ont mis au point un moteur de recherche révolutionnaire, désormais utilisé quotidiennement par des milliards de personnes. Quels principes et quelles stratégies ont permis à Google, initialement un simple projet universitaire, de devenir en l'espace de quelques années un véritable empire de la technologie ? Quels obstacles la société a-t-elle rencontrés et comment les a-t-elle surmontés ?

En suivant les principales étapes de sa croissance fulgurante, vous comprendrez comment Google a tiré parti d'un environnement complexe en mutation permanente pour développer un modèle d'affaire innovant et conquérant.

QUELQUES DONNÉES

- **Fondateur(s) ?**
  - Larry Page (Doctorant en sciences informatiques, américain, né en 1973, 25 ans en 1998)

- Sergey Brin (Doctorant en sciences informatiques, américain et russe, né en 1973, 25 ans en 1998)

- **Création de la société ?** Le 4 septembre 1998 à Menlo Park en Californie, États-Unis
- **Secteur d'activité ?** Internet
- **Chiffres clés ?**
  - 1999 : 3 600 000 recherches ; chiffre d'affaire annuel : 220 000 $
  - 2000 : 9 238 200 000 recherches ; chiffre d'affaire annuel : 19 108 000 $
  - 2001 : 27 474 600 000 recherches ; chiffre d'affaire annuel : 86 426 000 $
  - 2014 : 2 095 100 000 000 recherches ; chiffre d'affaire annuel : 68 000 000 000 $
  - 2015 : 2 834 650 000 000 recherches ; chiffre d'affaire annuel : 75 000 000 000 $
  - 2016 : 4 000 000 000 000 recherches (chiffre que nous estimons) ; chiffre d'affaire annuel : 89 500 000 000 $

MISE EN CONTEXTE

Depuis la nuit des temps, la technologie nous assiste dans l'exécution de tâches de plus en plus complexes. Les premières avancées technologiques remontent à plus de 2,3 millions d'années avec la fabrication d'outils, puis avec l'apprivoisement du feu. Ces progrès ont permis à notre espèce de survivre, d'évoluer et d'asseoir sa dominance dans un monde hostile.

À l'époque moderne, l'Homme est parvenu à utiliser la technologie pour améliorer son confort de vie, mais surtout pour repousser ses limites et réaliser ses rêves les plus fous.

La découverte de l'électricité, la fabrication du moteur à réaction, l'alunissage d'un vaisseau spatial et bien d'autres progrès technologiques s'inscrivent aujourd'hui dans notre réalité quotidienne, alors qu'ils ne relevaient que de l'ordre du fantasme pour les générations passées.

C'est grâce à des esprits créatifs et visionnaires que l'ordinateur et l'Internet font aujourd'hui partie de ces révolutions qui accompagnent le quotidien de milliards d'individus.

L'ORDINATEUR

Charles Babbage (1791-1871), mathématicien britannique, est l'un des visionnaires qui a posé les fondements de l'ordinateur moderne en développant la première machine à calculer programmable en 1830.

Ce n'est pourtant qu'un siècle plus tard que l'ère informatique est véritablement initiée avec le développement de machines capables d'effectuer de multiples opérations simultanément. Coûteux, l'ordinateur est alors réservé à un usage scientifique et militaire. Très rapidement, chaque chercheur possède sa propre machine.

Au fil des décennies, de nombreuses innovations telles que la puce et le circuit imprimé permettent à cet outil d'évoluer et de se perfectionner. Grâce aux efforts d'entreprises comme Apple, Microsoft, HP et Dell, l'ordinateur se démocratise et s'adapte à une utilisation plus personnelle.

DE L'INTERNET À LA TOILE

Dans la deuxième moitié du XXe siècle, l'ordinateur intrigue et passionne de nombreux chercheurs, menant à de précieuses découvertes.

En 1961, Leonard Kleinrock (professeur de sciences informatiques américain, né en 1934) du MIT (Massachussetts Institute of Technology) met sur pied une théorie de la transmission de données entre machines. En période de guerre froide (1945-1990), le gouvernement américain, à la recherche d'un avantage sur l'ennemi, saisit le potentiel de cette communication rapide.

En 1969, quatre ordinateurs sont répartis sur le continent américain dans des universités qui doivent assurer la gestion des projets de défense. Le réseau Arpanet est mis en place. C'est l'ancêtre de l'Internet. De quatre postes de travail en 1969, 111 sont répertoriés dans le monde en 1977.

Dans les années 1980, un ingénieur logiciel travaillant au CERN, le Centre européen pour la recherche nucléaire établi en Suisse, constate que le partage d'informations s'effectue difficilement entre scientifiques. Il s'avère qu'il est souvent nécessaire de se connecter sur différents ordinateurs pour récupérer plusieurs renseignements.

Désireux de solutionner ce problème, Tim Berners-Lee (informaticien et physicien britannique, né en 1955) se penche sur la question pendant son temps libre. De sa réflexion naît l'idée de concentrer l'information qui pourrait ensuite être facilement accessible par tous les postes de travail. La première étape consiste à créer un logiciel, appelé navigateur, qui se charge de télécharger l'information désirée sur l'ordinateur. Un navigateur est une application du Web via laquelle les utilisateurs peuvent publier et consulter du contenu.

Peu de temps après, les premières pages sont disponibles. L'utilisateur peut facilement voyager entre celles-ci en cliquant sur des liens hypertextes. Le World Wide Web (en abrégé, « www » ou « W3 », désigne cette « toile d'araignée mondiale ») est né. S'ensuit une véritable frénésie, le nombre de pages générées grandissant exponentiellement. La Toile devient rapidement une jungle, regorgeant d'un contenu très varié, ce qui rend par là même occasion la navigation de plus en plus complexe pour l'utilisateur.

Pour remédier à ce problème, de nombreux moteurs de recherches voient le jour. Plus de 20 sont créés entre 1990 et 1998 dont Inktomi, AltaVista, Lycos et Excite, chacun traitant l'information à sa manière, sans comprendre l'immensité du monde qu'ils tentent de pénétrer, car l'ampleur que prendra cette technologie et l'engouement qu'elle suscitera quelques années plus tard sont encore inimaginables.

LES PRÉMICES

DEUX DESTINS LIÉS

L'histoire de Google, aussi extraordinaire soit-elle, commence dans les années 1990 par une rencontre fortuite. Un coup du hasard qui a changé le monde à tout jamais.

Une matinée de printemps, en 1995, Sergey Brin, 21 ans et étudiant de deuxième année en sciences de l'informatique, est chargé de faire visiter l'université de Stanford à un groupe de futurs étudiants. Parmi ceux-ci se trouve Larry Page, 22 ans.

De nature extravertie, Sergey trouve en Larry, calme et réservé, un *alter ego* intellectuel. Rapidement, les deux jeunes hommes se trouvent des points communs mais entrent en désaccord sur des sujets aussi variés que complexes. Leur relation explosive semble ne pas avoir d'avenir.

Pourtant, à la rentrée académique, Sergey et Larry deviennent inséparables et sont connus pour leurs conversations agitées. Animés par des intérêts similaires que sont l'informatique et les multiples opportunités que la technologie semble offrir, les deux étudiants tissent une amitié solide et mutuellement bénéfique. Bien qu'opposés, leurs caractères, à la base de leur relation conflictuelle, sont en réalité complémentaires et constituent leur force.

Involontairement, leurs débats les amènent à identifier des problèmes récurrents auxquels ils sont confrontés et pour lesquels ils tentent de dégager des solutions, et c'est lors de l'un de ces échanges animés que l'idée de créer un moteur de recherche est née.

Larry Page.

| Sergey Brin.

L'OPPORTUNITÉ

Dans le cadre de ses études, Sergey se spécialise dans l'exploration de données, une technique qui, comme son nom l'indique, consiste à analyser des données volumineuses. Très rapidement, Sergey réfléchit à un moyen d'appliquer cette méthode à la Toile (qui est encore un espace foisonnant mais désordonné) afin d'organiser la masse d'informations en circulation.

Larry, de son côté, découvre un nouveau moteur de recherche qu'il juge plus efficace que ses concurrents. AltaVista et Yahoo!, accessibles depuis décembre 1995, jouissent déjà d'une popularité non négligeable. Intrigué, Larry remarque que le premier moteur utilise des liens d'un genre nouveau permettant la navigation entre différentes pages. Le jeune homme découvre que le nombre de liens renvoyant vers une page reflète sa pertinence et sa popularité. De plus, un lien ne vaut pas un autre. En effet, plus une page est populaire, plus les liens qu'elle contient sont importants.

Mots-clés

- **Navigateur :** Logiciel permettant l'accès au World Wide Web
- **Moteur de recherche :** Logiciel permettant de trouver du contenu sur le Web grâce à l'utilisation de mots-clés

Ensemble, les deux étudiants prennent alors la décision de former une équipe autour d'un projet commun, rassemblant leurs passions respectives. Larry étudie les liens hypertextes alors que Sergey se penche sur l'extraction d'informations de la Toile. De cette analyse naît PageRank, un algorithme calculant le nombre de liens renvoyant vers une page pour en mesurer sa pertinence. Le cerveau de Google est créé.

L'EXPLORATION DES DONNÉES AU QUOTIDIEN

En 1998, l'exploration de données est, entre autres, utilisée pour comprendre les comportements d'achats des consommateurs dans les grandes surfaces.

LE PROJET

En 1996, des heures de dur labeur dans le laboratoire de l'université permettent à l'équipe de mettre BackRub sur pied, un nouveau moteur de recherche prometteur. Son principe est simple : un algorithme scanne les pages disponibles sur la Toile et effectue automatiquement leur classement en fonction des liens présents sur la page et renvoyant directement vers celle-ci. En effectuant une recherche de mots-clés, l'utilisateur obtient une liste de pages (sous forme de liens hypertextes), classées selon leur degré de pertinence par rapport à la recherche.

Pour fonctionner, BackRub a besoin de stocker les pages scannées sur des serveurs. Grâce à ce processus, l'information est centralisée, rendant la recherche plus facile et donc plus rapide. À cette époque, le World Wide Web n'en est qu'à ses débuts, mais le nombre de pages ajoutées double chaque année. Par conséquent, le moteur de recherche doit scanner de plus en plus de sites pour fournir des résultats continuellement actualisés.

Du point de vue de l'équipement, il est crucial de disposer d'assez de serveurs pour stocker une masse grandissante d'informations, mais également pour faire face à un nombre croissant d'utilisateurs effectuant des recherches. Faute de moyens, Sergey et Larry décident de se contenter d'utiliser les serveurs mis à disposition par l'université.

À mesure que les semaines passent et que la Toile prend de l'ampleur, la charge de travail s'intensifie. Les deux jeunes entrepreneurs commencent seulement à saisir le potentiel de leur projet. Après de longues heures de discussion, le nom de domaine Google.com est enregistré et Google devient le nom officiel du moteur de recherche.

Un nom géant !

Le nom Google fait référence au terme *gogol* (*googol* en anglais) représenté mathématiquement par le chiffre 1 suivi de 100 zéros, censé refléter l'immensité du web.

Peu de temps après, en 1998, Andy Bechtolsheim (homme d'affaires allemand, né en 1955) finance le projet à hauteur de 100 000 $ avant même que la société ne soit créée. Cofondateur de Sun Microsystems, une société spécialisée dans la fabrication de serveurs et d'ordinateurs, cet entrepreneur est une véritable icône dans le monde informatique.

Son investissement envoie un message clair dans la communauté et assoie la légitimité du projet.

Le mois suivant, l'entreprise est officiellement créée, et le chèque peut enfin être encaissé.

Cette année-là, MSN Search, moteur de recherche créé par le géant Microsoft, est mis en ligne. Utilisant les capacités du moteur de recherche Inktomi, MSN Search devient officiellement la page d'accueil d'Internet Explorer, le célèbre navigateur développé par Microsoft.

DU LABORATOIRE AU GARAGE

Le duo quitte le laboratoire de Stanford et s'installe chez Susan Wojcicki (femme d'affaires américaine, née en 1968), une connaissance qui leur propose gracieusement d'installer leurs bureaux dans son garage.

Travaillant nuit et jour, les deux amis sont rapidement dépassés. Ils réalisent que le développement de l'entreprise sera d'autant plus rapide qu'il y aura de personnes impliquées.

Dans cette optique, ils décident d'embaucher un doctorant de Stanford qui adhère non seulement à leur ambition, mais aussi à leur état d'esprit. En tant que premier employé, Craig Silverstein (né en 1972) n'a pas de poste bien précis : sa mission consiste à assister les deux fondateurs dans l'exécution des tâches quotidiennes.

Des créations personnelles

Après avoir quitté Stanford, les fondateurs décident de développer leurs propres serveurs. Aujourd'hui encore, ils fabriquent toujours leur propre équipement.

Afin de satisfaire ses besoins, l'entreprise nécessite une injection continuelle et toujours plus importante de capital. Un million de dollars est récolté auprès des amis et de la famille, qui soutiennent le projet.

Quelques mois plus tard, Google a l'honneur de figurer dans le classement des 100 meilleurs sites de l'année. Cette liste est établie annuellement par *PC Magazine*, une publication très respectée au sein de la communauté informatique. Véritable coup marketing, cette annonce a pour effet d'exposer le moteur de recherche à un public déjà passionné par l'informatique et la technologie. Au début de l'année 1999, Google investit un nouvel immeuble à Palo Alto, dans la Silicon Valley (Californie). Huit employés font alors partie de l'entreprise.

Nombre d'internautes dans le monde (en milliards)

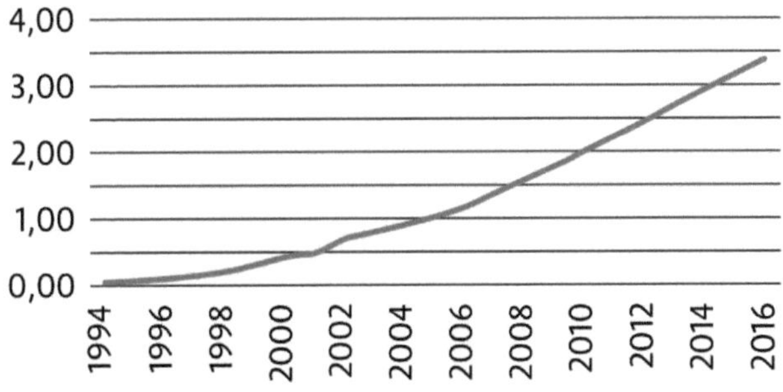

Source : http://www.journaldunet.com/ebusiness/le-net/1071539-nombre-d-internautes-dans-le-monde/

DÉVELOPPEMENT DE L'ENTREPRISE

UNE MONTAGNE RUSSE ÉMOTIONNELLE

Après avoir essuyé le refus de George Bell de racheter leur entreprise en 1999, Larry et Sergey se motivent à poursuivre l'aventure. Rapidement, l'argent récolté auprès de leurs proches, près d'un an auparavant, est écoulé. Face à un besoin en capital de plus en plus important, Google se voit contraint d'effectuer une levée de fonds.

Sequoia Capital, une société spécialisée dans les investissements risqués, annonce son intention de financer la jeune entreprise à hauteur de 25 millions de dollars. Grâce à cet argent, l'entreprise est en mesure de recruter de nouveaux employés, main d'œuvre nécessaire au développement extrêmement rapide du projet.

L'intérêt des investissements risqués

Les sociétés de capital-risque se spécialisent dans le financement de *startups* à haut potentiel de croissance. En échange d'un apport financier, elles obtiennent une part de l'entreprise, en espérant empocher une plus-value à long terme.

AMBITIONS MONDIALES

Connaissant une croissance fulgurante aux États-Unis, Google part à la conquête du monde. En mai 2000, le moteur de recherche peut être consulté en 10 langues. Quelques mois plus tard, pas moins de 16 langues seront ajoutées à la liste.

Google et le marché chinois

Google est interdit en Chine afin de faire prospérer les moteurs de recherche nationaux. Le gouvernement chinois est donc capable de contrôler les informations en circulation et de récolter des données utilisateurs.

Quelques années seulement après la création de la société, les efforts payent, et Google devient le plus gros moteur de recherche mondial donnant la possibilité aux internautes de parcourir plus d'un milliard de pages.

Cette expansion nécessite des investissements colossaux. Compte tenu de la popularité du produit et des opportunités qu'offrent le marché, Sergey et Larry réfléchissent à un moyen de réunir facilement et rapidement les ressources financières nécessaires à un tel développement.

DES DÉBUTS… ATYPIQUES

En 2000, l'entreprise ouvre officiellement un nouveau bureau à New York, constitué d'un unique commercial. Or, sans locaux pour travailler, cet employé s'installe dans un Starbucks et effectue son travail tout en sirotant du café.

Quelques semaines plus tard, en février 2004, Google annonce son intention d'entrer en bourse. Près de 20 millions d'actions sont vendues au public au prix de 85 $ pour une valeur totale de

1,67 milliard de dollars. Cette vente d'actions donne à Google une valeur boursière de près de 23 milliards de dollars. Dix ans plus tard, cette dernière atteint les 397 milliards de dollars.

Devant désormais répondre à des investisseurs, il est évident que l'entreprise ne peut indéfiniment vivre d'apports extérieurs en capital. Pour que l'entreprise soit viable financièrement, le *management* se doit de trouver un moyen de monétiser le trafic important généré grâce au célèbre moteur de recherche.

DÉFINITION D'UN MODÈLE D'AFFAIRES

MOTS-CLÉS

Un modèle d'affaires (*business model* en anglais) permet de prévoir et de comprendre la génération de valeur ajoutée au sein de l'entreprise ainsi que son partage entre les différentes parties.

En octobre 2000, AdWords, la régie publicitaire de Google destinée aux entreprises, est officiellement lancée. Cet outil donne la possibilité aux annonceurs de communiquer leur offre grâce à une sélection de mots.

Son principe est simple : lorsqu'un utilisateur effectue une recherche de mots-clés, à la hiérarchie de pages pertinentes s'ajoute une liste d'annonces commerciales en rapport avec la requête. D'un côté, les entreprises peuvent précisément cibler leur audience et analyser les résultats de leur campagne. De l'autre côté, les utilisateurs sont avertis que des entreprises payent pour leur proposer leur offre. Grâce à cet outil, des tests révèlent que, pour une même bannière publicitaire, les annonceurs sur Google reçoivent quatre fois plus de visites que sur un autre moteur de recherche.

Fidèles à leurs valeurs et à leur désir d'agir pour le bien de l'utilisateur, Larry et Sergey insistent pour que les annonces soient clairement indiquées. De cette manière, l'utilisateur peut clairement distinguer un lien pertinent d'un lien sponsorisé, contrairement à ce qui se pratique sur d'autres moteurs de recherche.

Pourtant, la publicité ne constitue pas l'unique source de revenu de l'entreprise. Face au succès grandissant du produit, certaines entreprises décident de payer une licence à Google pour inclure le moteur de recherche sur leur page web. Yahoo!, qui à l'époque n'a pas encore développé son propre algorithme, fait d'ailleurs partie de ces nombreux clients.

Capable de générer un trafic colossal et de le monétiser quasi instantanément, Google mène une véritable révolution digitale et ne donne aucun signe de ralentissement. Les possibilités de développement sont infinies. Après tout, Google est peut-être plus qu'un simple moteur de recherche.

UN *MANAGEMENT* À LA BASE DE LA STRATÉGIE

En mars 2001, Eric Schmidt (homme d'affaires américain, né en 1955), 45 ans, rejoint le conseil d'administration de Google en tant que président. Diplômé en ingénierie électrique et titulaire d'un master et d'un doctorat en sciences de l'informatique, ses nombreuses années d'expérience lui ont permis de développer une capacité à comprendre et à exploiter les technologies prometteuses – un atout non négligeable pour le conseil d'administration de Google, qui est occupé à définir la stratégie générale de l'entreprise.

Cinq mois plus tard, Eric est promu Président Directeur Général. Il remplace Larry, qui devient président de la ligne de produits. Sergey, quant à lui, est nommé président en charge des aspects technologiques. Cette nomination permet à Google de développer et d'exécuter une vision claire, adaptée à l'environnement présent et en phase avec les objectifs ambitieux de la jeune *startup*. Grâce aux efforts de ses fondateurs et à l'expérience de son leader, l'avenir de l'entreprise est entre de bonnes mains. Cependant, comme les dirigeants de Google l'ont compris, le succès d'une entreprise ne dépend pas seulement d'une stratégie bien définie et d'un bon produit.

LA CULTURE D'ENTREPRISE, SOURCE DE SUCCÈS

Lorsqu'une entreprise grandit, elle doit inévitablement faire face à de nombreux problèmes organisationnels. Tant au niveau de la structure que des ressources humaines, une stratégie doit être adoptée afin d'assurer un niveau de service et une productivité inchangés, voire supérieurs.

Pour ce faire, Larry, Sergey et Eric ont décidé de créer un environnement singulier propice à l'innovation, plaçant l'employé au centre de l'organisation. Cette philosophie s'est lentement développée et renforcée à mesure que l'entreprise grandit, du laboratoire de Stanford aux énormes installations dans la Silicon Valley. Leur philosophie repose principalement sur deux piliers : l'environnement de travail et l'employé.

Larry et Sergey partent du principe que pour développer les meilleurs produits, il est nécessaire de recruter les meilleurs éléments. Bien entendu, pour une entreprise active dans le monde entier, il est naturel d'employer un personnel varié, tant au niveau de la nationalité, de l'éducation que du milieu social. Pour recruter ses futures vedettes, Google opère de deux manières.

- D'une part, il est important de filtrer les nombreuses candidatures spontanées. Pour ce faire, l'entreprise possède un nombre de questions loufoques qui peuvent sembler impossible à solutionner, mais qui servent principalement à juger les capacités de réflexion des candidats. Par exemple, une personne interviewée pour une fonction d'analyste business a été jugée sur sa capacité à planifier un plan d'évacuation du bâtiment. Une autre a dû être capable de lister les différentes façons de retrouver une aiguille dans une botte de foin.
- D'autre part, elle s'intéresse aux employés d'autres entreprises et cherche à les appâter si nécessaire.

En partant du constat qu'un employé heureux est productif et libère ses capacités au maximum, de nombreux services sont offerts aux membres du personnel. Pour fidéliser ces derniers, Google propose de rembourser les soins dentaires et de santé. De plus, le complexe abrite un coiffeur, une salle de massage, une salle de gym ainsi qu'une équipe de médecins, tandis qu'un toboggan facilite les déplacements dans les bureaux du siège à Zürich (Suisse).

Certaines pratiques ont même fait beaucoup parler d'elles : le principe des 20 %, qui stipule que les employés sont autorisés à passer 20 % de leur temps sur des projets de leur choix et à développer des idées qui bénéficieront à Google, est très populaire et est à l'origine de la création de nombreux produits à succès.

Pour stimuler l'innovation, l'ouverture d'esprit est nécessaire et le partage est encouragé. Dans cette optique, l'environnement est spécialement constitué pour favoriser la discussion et l'échange. Ainsi, une cafétéria propose de la nourriture gratuite pour tous les employés. L'objectif est de mettre la hiérarchie de côté et de rassembler le personnel autour d'un repas bio et raffiné.

Cette philosophie et ces pratiques ont contribué au succès de Google auprès du public, tout en proposant un environnement stimulant pour ses employés : la recette idéale pour favoriser l'innovation.

Un mode de travail prisé

Google reçoit plus de 2,5 millions de candidatures par an, soit environ cinq candidatures par minute.

EN QUÊTE DE NOUVEAUX MARCHÉS

Larry et Sergey ont créé Google en partant de la simple idée qu'il est possible de simplifier la vie de l'utilisateur en répertoriant et hiérarchisant les pages de la Toile. En décidant de placer la technologie au cœur de leur stratégie d'entreprise, les gérants de Google visent à exploiter toutes les opportunités qui se présentent à eux. Cette vision, bien que large, donne aux employés une grande liberté de manœuvre quant à la création de nouveaux produits.

Au début du deuxième millénaire, la démocratisation du téléphone portable promet de changer les habitudes en matière de communication et d'utilisation d'Internet. Bien entendu, cette perspective intrigue les employés de Google.

En 2001, Yahoo! prend la décision de rompre son partenariat avec Inktomi pour intégrer Google sur sa plateforme afin d'assister ses utilisateurs dans leurs recherches. Leader de la recherche sur téléphone, Yahoo! donne l'opportunité au moteur de recherche de mettre un pied sur le marché.

Parallèlement, Google développe de nombreux produits destinés à compléter son offre. Améliorant la productivité, ces outils incitent de plus en plus d'utilisateurs à choisir Google mais, surtout, donnent l'occasion à l'entreprise de récolter de précieuses informations.

Un email avant-gardiste

Le premier email fut envoyé en 1969, avant la création d'Internet. Les deux ordinateurs, situés à des centaines de kilomètres l'un de l'autre, étaient connectés par un réseau précurseur de l'Internet moderne.

En 2004, Google annonce Gmail, sa plateforme qui donne la possibilité de stocker plus de 500 000 emails par utilisateur. Ce service, créé par un ingénieur grâce au principe des 20 %, est mis en place en réponse à de nombreuses plaintes venant d'utilisateurs insatisfaits des produits concurrents : leurs principaux griefs adressés aux fournisseurs de boîtes email portent sur leur capacité limitée de stockage ainsi que sur le manque de convivialité des interfaces.

Quelques mois plus tard, en 2004, Yahoo! déclare officiellement son intention d'utiliser son propre algorithme pour scanner et livrer les résultats des recherches sur sa plateforme.

Cet algorithme résulte des acquisitions d'Inktomi en 2002 et d'AltaVista en 2003. De la même manière, Microsoft se détourne d'Inktomi pour utiliser son propre algorithme.

En décembre 2005, plusieurs universités de renom se joignent à Google pour rendre leurs bibliothèques accessibles en ligne via Google. Cette action s'intègre dans le plan Google Print et dans la mission générale de Google de rendre l'information universellement accessible.

La même année, Google Earth et Maps sont disponibles, donnant l'opportunité aux internautes de visiter le monde entier à partir de leur navigateur.

Un an plus tard, un autre produit majeur est annoncé, Google Translate, un service de traduction instantanée de mots-clés, pages web et documents. Contrairement à d'autres services de traduction comme Bing Translator ou Yahoo! Translate, qui reposent sur des logiciels existants développés par des entreprises externes, Google Translate fonctionne grâce à un logiciel propre.

Finalement, le succès de Google provient principalement de son algorithme original, qui a été affiné au fil des années. Cela a permis à l'entreprise de se démarquer de ses concurrents à ses débuts. Ensuite, c'est la variété de produits proposés, l'attention portée sur les désirs des consommateurs, mais surtout les stratégies adoptées par les managers et la vision précise et bien exécutée qui fait de Google le leader sur son marché.

Acquisitions de sociétés et brevets

Pour développer ses activités, Google ne compte pas seulement sur la créativité de ses employés.

L'acquisition d'autres entreprises est une pratique fréquente qui présente divers avantages.

- Premièrement, cela évite de dépenser des sommes astronomiques et fait gagner un temps considérable en recherche et développement.
- Deuxièmement, par ses nombreuses acquisitions, l'entreprise s'assure de rester au top de l'innovation.
- Troisièmement, dans certains cas, le produit a déjà fait ses preuves et son succès est pratiquement garanti.
- Enfin, cette opération peut s'inscrire dans une tactique de freinage des concurrents.

Évidemment, l'acquisition étant rendue publique, il est possible pour les concurrents d'en déduire les intentions stratégiques à la base de cette décision.

Pour Google, qui est l'une des plus grosses entreprises dans le monde, dépenser des millions – voire des milliards – pour acquérir une entreprise ne représente pas un problème, offrant la possibilité à de nombreux entrepreneurs de devenir millionnaires au cours de la transaction.

Parmi les nombreuses acquisitions que Google a effectuées depuis 2001, certaines ont fait couler beaucoup d'encre en raison de leurs montants exorbitants. Citons notamment AOL, qui fut racheté pour 1 milliard de dollars en 2005 ou YouTube, alors en difficulté pour monétiser son trafic, dont le rachat s'élève à 1,65 milliard de dollars en 2006.

À cette époque, YouTube fait partie des communautés en ligne qui connaissent une croissance extraordinaire. Cette acquisition s'intègre dans la stratégie de Google de fournir un contenu varié à une audience la plus large possible. Impossible à monétiser avant de faire partie de Google, YouTube sert désormais de support publicitaire aux annonceurs.

Un monde en évolution

Véritable empire de la publicité, Google a su s'ériger en moins de dix ans comme un géant dirigeant une révolution qui ne présente aucun signe d'essoufflement. Grâce à une stratégie bien huilée, des employés modèles et un modèle d'affaires infaillible, des produits révolutionnaires ont amélioré notre confort et notre productivité.

En huit ans, le nombre de recherches effectuées chaque année sur Google a été multiplié par 100 000.

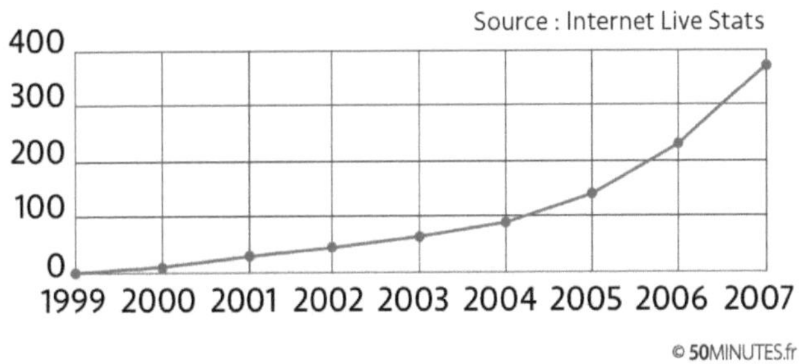

Dans un environnement en constante mutation, il est capital pour les entreprises technologiques de s'adapter. Le succès de Google a très vite soulevé des questions, mais a aussi attiré bon nombre de concurrents désireux de se faire une place au soleil.

GOOGLE AUJOURD'HUI

CONCURRENCER POUR MIEUX RÉGNER, PARFOIS AU DÉTRIMENT DE L'INNOVATION

Google, Microsoft, Apple, Facebook et Amazon : toutes ces marques sont tellement populaires qu'elles sont devenues des noms propres. Proposant au départ des produits distincts, il est évident que l'expansion de leurs gammes de produits les ont amenées à empiéter sur leurs plates-bandes respectives.

Dans cet environnement compétitif, ces géants sont devenus maîtres dans l'art de copier les produits concurrents afin d'y apporter des modifications et d'y apposer leur marque.

Android

Racheté en 2005, Android, le système d'exploitation pour téléphones mobiles destiné à concurrencer celui d'Apple (iOS), est intégré dans les téléphones HTC en 2007. En janvier 2010, Nexus

One, le téléphone portable destiné à concurrencer l'iPhone, est mis sur le marché. L'appareil lui-même est fabriqué par des constructeurs qui changent chaque année, tels que LG ou Huawei, tandis que les applications de base proposées par le système sont celles développées par Google (Gmail, Google Maps, Google Hangouts… et surtout le magasin d'applications Google Play).

Ce système d'exploitation est également adapté afin d'être intégré aux téléviseurs Sony en 2010, aux tablettes de divers constructeurs (notamment Samsung) en 2011 et aux montres intelligentes et voitures en 2014.

Chrome, Chrome OS et Chromebooks

En septembre 2008, Chrome, le navigateur de Google, est officiellement annoncé. Développé selon la méthode Open Source (c'est-à-dire un programme informatique dont la licence permet à quiconque de le lire, le modifier et le redistribuer), Chrome résulte de la collaboration de programmeurs privés qui y apportent de continuelles améliorations.

L'année suivante, la société commence à développer son propre système d'exploitation pour ordinateur, Chrome OS, qui peut se substituer à celui de Microsoft (Windows) et d'Apple (Mac OS). Encore une fois, les applications fournies sont développées par Google. D'un partenariat avec les fabricants de machines Samsung, Acer, HP et Lenovo, naissent les Chromebooks, seuls ordinateurs intégrant ce système d'exploitation.

Cette stratégie d'imitation n'est pas sans conséquences. En délaissant l'innovation au profit d'une concurrence plus féroce, Google a quelque peu perdu sa capacité à surprendre ses utilisateurs avec des produits révolutionnaires.

Les flops

Si la capacité et la culture d'innovation de Google lui ont permis de faire partie des cinq plus grosses entreprises au monde, elles sont également à la source de ses échecs les plus cuisants.

Dans ce cimetière à fiascos gît Google+, le réseau social de l'entreprise, destiné à concurrencer Facebook. La plateforme compte 500 millions de membres, dont seuls 150 millions sont actifs :

un chiffre encore très loin des 1,5 milliards d'utilisateurs de Facebook.

Google Glass fait également partie des projets ratés. Destinées au grand public, ces lunettes intelligentes affichaient des informations sur les verres de l'utilisateur. Les tests ont dû être interrompus, car il s'est avéré que ces lunettes étaient très mal accueillies par les consommateurs, qui y voyaient une atteinte à la vie privée. En effet, un utilisateur mal intentionné pourrait enregistrer ce qu'il voit au travers de ses lunettes, à l'insu d'autrui.

Néanmoins, comme preuve de l'excellente capacité d'adaptation de ses gestionnaires, Google a annoncé, en 2017, que les lunettes vont être commercialisées à l'intention des entreprises, dans lesquelles les applications de cet objet seront multiples. En effet, la gestion quotidienne y sera plus rapide mais aussi plus pratique, car les lunettes permettent d'afficher des informations tout en gardant les deux mains libres.

Des dizaines d'autres produits et services ont été discontinué ces dernières années, comme la Google TV (concurrente de l'Apple TV), la plateforme de microblogging Jaiku (comparable à Tumblr) rachetée en 2007, ou encore Google Lively (un monde virtuel similaire à Second Life).

PROBLÈMES JURIDIQUES

De toute évidence, cette volonté d'investir de nombreux marchés augmente les opportunités de renforcer la marque et de faire croître le chiffre d'affaires. Cependant, les ennuis se multiplient également. Pour s'en convaincre, il suffit de constater l'expansion du département juridique de Google. Entre 1998 et 2003, 100 employés en faisaient partie. Ils sont aujourd'hui plus de 500.

Contenu diffamatoire et politique de confidentialité

Dans la majorité des cas, les plaintes contre Google sont déposées par des particuliers, par exemple des personnes mécontentes de constater que du contenu diffamatoire à leur sujet se trouve dans les résultats du célèbre moteur de recherche. N'étant pas responsable du contenu analysé et hiérarchisé, Google est néanmoins souvent contraint de dédommager les victimes ou de supprimer le contenu indésirable.

C'est notamment le cas depuis mai 2014 et la décision de la Cour européenne de justice, dans l'affaire *Costeja*, reconnaissant officiellement le « droit à l'oubli » comme un droit humain. Suite à cette décision, Google est contraint de mettre en place une procédure spéciale permettant aux citoyens européens de demander le retrait d'informations en ligne les concernant.

Dernièrement, ce sont les intentions de Google qui sont remises en question et étudiées par des instances et autorités gouvernementales soucieuses du bien-être des consommateurs. À l'origine de ces actions, des pratiques commerciales jugées abusives et pouvant porter atteinte aux droits de chacun. Véritable clé de voûte des modèles économiques des géants de l'Internet, c'est la collecte de données qui est au maintenant au centre de ces nombreuses polémiques.

Pour rappel, l'utilisation de produits Google permet à l'entreprise américaine de collecter des informations qui alimentent directement la plateforme publicitaire du groupe. Au plus un internaute utilise ses services, au plus l'organisation est à même de collecter une montagne de données à son sujet. Véritables mines d'or, ces informations retracent nos moindres faits et gestes sur la Toile et servent à dresser un profil de l'utilisateur.

Jusqu'en 2012, chaque produit Google (Google Agenda, Gmail, Google+, YouTube, etc.) créait un profil par internaute qui était alimenté en fonction de ses recherches. Cela signifiait que si une personne utilisait 60 services, 60 profils distincts étaient créés sans qu'aucun lien ne puisse être établi entre eux. À partir du 1er mars 2012, le groupe a mis en place une politique lui permettant de créer un profil unique par utilisateur, lui donnant la possibilité de croiser les informations provenant de ces 60 services. En pratique, si un internaute effectue une recherche concernant une certaine marque de voiture sur Google, le contenu publicitaire affiché sur YouTube s'adapte dorénavant pour communiquer sur ces voitures.

Cette action ne conférait pas le droit au groupe de s'approprier encore plus de données qu'il ne le faisait déjà, mais bien de les utiliser différemment. Destinée à mieux comprendre le consommateur et lui offrir du contenu plus spécifique et adapté à ses besoins, cette politique a suscité l'émoi pour différentes raisons.

Premièrement, Google est dorénavant en mesure de suivre les moindres faits et gestes de ses utilisateurs, qu'ils soient enregistrés ou non. Il a fallu attendre quelques années pour que certains pays réagissent à ces pratiques douteuses allant à l'encontre des lois mises en place en Europe. En 2015, des régulateurs (agents publics dont la fonction est de s'assurer que les lois et règlements sont respectés) français et espagnols ont travaillé main dans la main pour traîner Google en justice. Jugée coupable face aux accusations, l'entreprise californienne s'est vue condamnée à verser une somme de 900 000 €, une punition peu significative comparée à ses revenus annuels monstrueux (plus de 82 700 fois supérieurs à cette amende).

Au-delà de la méfiance que les consommateurs développent à l'égard des moyens technologiques et de l'innovation, cette pratique représente un véritable danger pour la protection de la vie privée. En effet, il n'est pas conseillé de centraliser une telle quantité d'informations, car nous ne pouvons imaginer ce qu'il adviendrait si elles tombaient dans de mauvaises mains.

Propriété intellectuelle et droit de la concurrence

Du côté des concurrents, les plaintes concernent principalement les aspects de propriété intellectuelle et de droit de la concurrence. Ainsi en 2012, Oracle, un éditeur de logiciels de la Silicon Valley, attaque Google en justice, réclamant un dédommagement de près de 9 milliards de dollars pour violation de ses droits intellectuels. Après quatre ans de combat acharné dans les tribunaux, Google n'est officiellement pas inquiété.

L'entreprise est également poursuivie en justice pour des suspicions d'abus de position dominante au travers de ses systèmes d'exploitation. Il semblerait que Google exerce un contrôle jugé abusif sur les choix du consommateur. Le problème réside dans le fait que le consommateur est contraint d'utiliser les applications Google lorsqu'il utilise un téléphone fonctionnant grâce à Android.

Par ailleurs, les autorités et l'opinion publique reprochent à la firme d'éluder l'impôt en Europe et aux États-Unis grâce à des montages fiscaux ingénieux. Ces reproches sont toutefois communs à l'ensemble des géants américains de l'Internet et n'épargnent ni Apple, ni Facebook, ni Amazon.

GOOGLE ET LE MONDE

Malgré cette mauvaise publicité, l'image de Google continue de fasciner. Son but lucratif n'empêche pas l'entreprise de prétendre contribuer à un monde meilleur. Joignant l'action à la parole, Google a mis sur pied Google.org en 2005, une association sans but lucratif qui soutient le développement durable et lutte contre la pauvreté.

En novembre 2007, cette association se donne les moyens de substituer le charbon comme combustible pour la production d'électricité. En investissant des centaines de millions de dollars dans le développement d'énergies vertes, Google vise à réduire notre dépendance mondiale envers l'électricité « sale » encore utilisée massivement pour faire fonctionner les millions de serveurs de stockage de l'entreprise. En parallèle, à l'occasion de son 10e anniversaire, dans le cadre d'un concours, Google investit 10 millions de dollars dans cinq projets d'internautes destinés à simplifier le quotidien de tout un chacun.

Quelques mois plus tard, l'organisation déclare vouloir investir 14 millions de dollars dans des entreprises qui visent à éradiquer certains insectes porteurs de maladies. Réalisant qu'elle n'a pas le monopole sur les bonnes idées ainsi que sur le talent, l'équipe de *management* de Google préfère investir dans d'autres *startups* prometteuses plutôt que de développer ces projets en interne et de les concurrencer.

LES DERNIÈRES INNOVATIONS EN DATE

Depuis 2015, Google est chapeauté par une entreprise mère appelée Alphabet, entité fédérant différentes sous-divisions. Il n'y a plus de confusion entre le produit phare et l'entreprise. Alphabet est dirigé par Sergey (Président), Larry (PDG) et Eric (Président Exécutif).

UN FABULEUX DESTIN

Sundar Pichai, un ancien enfant pauvre d'Inde, a été promu CEO du segment moteur de recherche en 2015, après une ascension spectaculaire au sein de l'entreprise.

Durant le second trimestre de 2016, Alphabet a réalisé un chiffre d'affaires de 21,5 milliards de dollars pour un profit de 4,9 milliards de dollars. Google, à lui seul, a généré un chiffre d'affaire de 21,3 milliards de dollars dont 19,1 milliards de dollars venant de la publicité.

Ce profit colossal est principalement réinjecté dans le développement de produits révolutionnaires dont l'entreprise a le secret. Ces projets visent, notamment, à développer des voitures autonomes, des lunettes connectées à réalité augmentée, des drones de livraison à domicile, ou encore des ballons fournissant un accès internet dans les zones reculées.

Malgré l'échec de Google Health (un dossier médical personnel en ligne) et la fermeture du service en 2012, l'entreprise continue d'investir dans la recherche scientifique dans le domaine de la santé et espère révolutionner la médecine en permettant une exploitation nouvelle des données médicales individuelles collectées notamment grâce aux appareils mobiles.

Des progrès continus

Une sous-division d'Alphabet travaille actuellement sur le développement de l'intelligence artificielle. Intégrée à un ordinateur ou à tout autre appareil électronique, l'intelligence artificielle permet à la machine d'apprendre et d'évoluer. Peu connue du grand public, cette technologie facilite déjà notre quotidien. C'est notamment grâce à celle-ci que les cartes de navigation sont de plus en plus performantes, ou que nos téléphones répondent à nos commandes vocales.

Début 2012, le modèle d'affaires de Google se trouve remis en cause par la commercialisation d'un produit d'Amazon, Echo.

Cet assistant intelligent à commande vocale prend le contrôle de divers appareils électroniques, tels que les téléphones portables, pour exécuter les ordres de son détenteur. Il peut notamment énoncer les résultats d'une recherche internet, lire un audiolivre ou faire écouter de la musique sur demande.

Cette innovation laisse entrevoir un avenir proche dans lequel les écrans seraient superflus.

Or Google dépend des liens sponsorisés qui lui rapportent plus de 90 % de son chiffre d'affaires. Deux ans après Echo, Google lance Home, un assistant vocal. Il est évident que Google s'attèle à développer un moyen de monétiser la recherche effectuée grâce à un assistant vocal. En effet, les dirigeants de Google ont, par le passé, prouvé à de nombreuses reprises qu'ils sont en mesure d'identifier correctement les menaces se présentant à eux et de les transformer en opportunités.

AltaVista, qui intriguait Larry dans le laboratoire de Stanford, fut abandonné en 2013 et renvoie désormais sur la page de Yahoo!. MSN Search est devenu Windows Live Search puis Bing, et figure dans le top 5 des moteurs de recherche, loin derrière Google. Excite, quant à elle, a été rachetée en 2004, mais se meurt après l'adoption de nombreuses stratégies infructueuses.

Pour comprendre le succès colossal qu'a connu Google depuis 1998, il suffit de penser que si George Bell avait investi un dollar dans Google lorsque Larry et Sergey étaient venus le voir il y a 18 ans, il posséderait aujourd'hui 559 000 $ d'actions Google, de quoi se mordre les doigts.

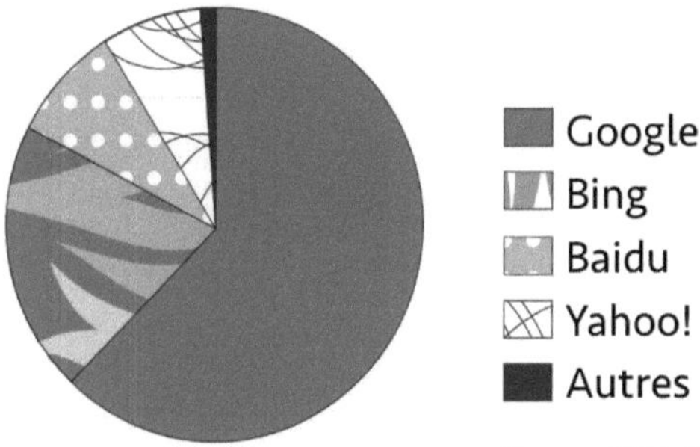

Source : Wikipédia

Depuis 17 ans, Google règne en maître sur la recherche web, désigné meilleur moteur de recherche par les entreprises et les particuliers. L'entreprise n'a pourtant pas encore dit son dernier mot et n'a certainement pas fini de nous surprendre.

EN RÉSUMÉ

- Grâce au perfectionnement de l'ordinateur dans la seconde moitié du XXe siècle, des scientifiques ont été en mesure de poser les bases de l'Internet moderne. Ce réseau matériel a favorisé la multiplication de contenus en ligne, formant la Toile, ainsi que leur diffusion. C'est ce contenu que les moteurs de recherche visent à organiser.
- Larry et Sergey, deux étudiants de Stanford, développent un algorithme révolutionnaire qui promet de rendre leur moteur de recherche plus performant que ceux des concurrents. Ils travaillent en collaboration sur ce projet et décident de le concrétiser en véritable entreprise.
- Après l'obtention de résultats concluants auprès du public, les deux amis décident de vendre leur entreprise, afin d'en tirer un joli pactole. En vain. Ils décident donc de continuer à travailler sur le projet. À court de capital, ils obtiennent un financement de 25 millions de dollars auprès d'une firme de capital-risque.
- L'entrée en bourse de Google est réussie, et

le prix de l'action s'envole. L'argent coule alors à flots, et le futur de l'entreprise semble prometteur.

- Google cherche à monétiser le trafic important généré sur son moteur de recherche. Une régie publicitaire est mise en place, donnant la possibilité aux annonceurs de sponsoriser des liens dans les pages de résultats.
- Grâce à la définition d'une culture d'entreprise décontractée et axée sur le talent, Larry et Sergey s'entourent d'employés compétents. En résulte une capacité d'innovation exceptionnelle.
- Pour garder sa position de leader dans des marchés de plus en plus concurrentiels, Google n'hésite pas à attaquer ses concurrents en imitant leurs produits phares : une guerre de territoire à coups de centaines de millions de dollars fait alors rage.
- L'image de l'entreprise subit les attaques de concurrents, d'utilisateurs privés mais aussi de gouvernements, qui n'hésitent parfois pas à porter leurs différends devant les tribunaux, notamment en ce qui concerne le droit des utilisateurs de Google à conserver le contrôle de leurs données personnelles en ligne.

- Google tente par ailleurs de renforcer son image en investissant dans diverses activités philanthropiques et de recherche, parfois dans des domaines *a priori* éloignés de l'Internet comme la santé.
- Aujourd'hui, Larry et Sergey se concentrent sur le développement de projets révolutionnaires, comme ils l'ont fait il y a presque 20 ans. Avec une capitalisation boursière de près de 560 milliards de dollars, tout laisse à croire que cette entreprise a encore de beaux jours devant elle.

Votre avis nous intéresse !
Laissez un commentaire sur le site de votre librairie en ligne
et partagez vos coups de cœur sur les réseaux sociaux !

POUR ALLER PLUS LOIN

SOURCES BIBLIOGRAPHIQUES

- ABBATE (Janet Ellen), *From ARPANET to Internet : A history of ARPA-sponsored computer networks*, 1966-1988, thèse de doctorat, université de Pennsylvanie, 1994.
- ABBOUD (Leila), « Google To Change Its Privacy Policy », in *huffingtonpost.com*, 30 janvier 2015, consulté le 23 septembre 2017. http://www.huffingtonpost.com/2015/01/30/google-privacy-policy_n_6577948.html
- « Alphabet/Google Profit Jumps 43 % to $ 4.9 bn », in *phys.org*, juillet 2016, consulté le 1 février 2017. https://phys.org/news/2016-07-alphabetgoogle-profit-bn.html
- Arrêt de la Cour de justice de l'Union européenne du 13 mai 2014 dans l'affaire C-131/12. http://curia.europa.eu/juris/document/document_print.jsf?doclang=FR&text=&pageIndex=0&part=1&mode=DOC&docid=152065&occ=first&dir=&cid=667631
- AUFFRAY (Christophe), « Chiffres clés : les OS pour smartphones », in *zdnet.fr*, août 2017, consulté le 27 janvier 2017. http://www.zdnet.fr/actualites/chiffres-cles-les-os-pour-smartphones-39790245.htm

- AULETTA (Ken), *Googled : The End of the World As We Know It*, New York, Random House, 2010.
- BHARTIYA (Swapnil), « Amazon Echo vs. Google Home : The Choice is Obvious », in *cio.com*, novembre 2016, consulté le 26 janvier 2017. http://www.cio.com/article/3143137/open-source-tools/amazon-echo-vs-google-home-the-choice-is-obvious.html
- BILTON (Nick), « AltaVista. What's That ? », in *bits.blogs.nytimes.com*, juillet 2013, consulté le 28 janvier 2017. https://bits.blogs.nytimes.com/2013/07/01/altavista-whats-that/
- BRANDT (Richard L.), *The Google Guys : Inside the Brilliant Minds of Google Founders Larry Page and Sergey Brin*, London, Penguin, 2011.
- BRIN (Sergey), « Extracting Patterns and Relations from the World Wide Web », in *The World Wide Web and Databases*, Berlin, Springer, 1998, p. 172-183.
- BRIN (Sergey) *et alii.*, « What Can You Do With a Web In Your Pocket ? », in *IEEE Data Eng.Bull.*, juin 1998, vol. 21, n° 2, p. 37-47.
- BULYGO (Zach), « Inside Google's Culture of Success and Employee Happiness », in *blogs.kissmetrics.com*, consulté le 26 janvier 2017. https://blog.kissmetrics.com/googles-culture-of-success/
- CAIN MILLER (Clair), « Google Introduces a Touch-Screen Laptop », in *bits.blogs.nytimes.*

com, février 2013, consulté le 30 janvier 2017. https://bits.blogs.nytimes.com/2013/02/21/google-introduces-a-touchscreen-laptop/?_r=0

- CARLSON (Nicholas), « A List Of Products Larry Page Has Google Working On Other Than Search, Such As Spoons », in *businessinsider.com*, septembre 2014, consulté le 23 janvier 2017. http://www.businessinsider.com/a-list-of-google-products-2014-9
- COWLEY (Stacy), « How Four Companies Took Over the Internet », in *money.cnn.com*, novembre 2012, consulté le 25 janvier 2017. http://money.cnn.com/2012/11/12/technology/techonomy-big-four/
- D'ONFRO (Jilian), « The Truth About Google's Famous "20 % Time" Policy », in *uk.businessinsider.com*, avril 2015, consulté le 28 janvier 2017. http://uk.businessinsider.com/google-20-percent-time-policy-2015-4?r=US&IR=T
- GEIGER (Andreas), « Google's Never-Ending Legal Problems », in *thehill.com*, septembre 2012, consulté le 25 janvier 2017. http://thehill.com/blogs/congress-blog/technology/226461-googles-never-ending-legal-problems
- GOEL (Vindu), « When Yahoo Ruled the Valley ; Stories of the Original "Surfers" », in *nytimes.com*, 16 juillet 2016, consulté le 29 janvier 2017. https://www.nytimes.com/2016/07/17/technology/when-yahoo-ruled-the-valley-stories-of-the-original-surfers.html

- « Google Annual Search Statistics », in *statisticbrain.com*, septembre 2015, consulté le 20 janvier 2017. http://www.statisticbrain.com/google-searches/
- « Google Search Statistics », in *internetlivestats.com*, décembre 2012, consulté le 19 janvier 2017. http://www.internetlivestats.com/google-search-statistics
- HARDING (Xavier), « Google Has 7 products With 1 Billion Users », in *popsci.com*, février 2016, consulté le 25 janvier 2017. http://www.popsci.com/google-has-7-products-with-1-billion-users
- « History of the Web », in *webfoundation.org*, consulté le 19 janvier 2017. http://webfoundation.org/about/vision/history-of-the-web/
- « Internet Growth Statistics », in *internetworldstats.com*, consulté le 4 janvier 2017. http://www.internetworldstats.com/emarketing.htm
- JANSEN (Bernard), SPINK (Amanda) et SARACEVIC (Tefko), « Real Life, Real Users, and Real Needs : A Study and Analysis of User Queries on the Web », in *Information processing & management*, 2000, vol. 36, n° 2, p. 207-227.
- « La naissance du web », in *home.cern*, consulté le 19 janvier 2017. https://home.cern/fr/topics/birth-web
- LAZULY (Pierre), « Le monde selon Google », in *Le Monde Diplomatique*, juillet 2003, p. 28-29.
- MARQUEZ (Edouard), « Android 2.3.6 est en

cours d'envoi sur les Nexus S », in *frandroid.com*, septembre 2011, consulté le 22 janvier 2017. http://www.frandroid.com/actualites-generales/79137_android-2-3-6-est-en-cours-denvoi-sur-les-nexus-s

- MOUNIER-KUHN (Pierre), « Machine Analytique de Babbage », in *universalis.fr*, consulté le 4 février 2017. http://www.universalis.fr/encyclopedie/machine-analytique-de-babbage/
- MOYNIHAN (Tim), « Google Announces Android Auto, Its Answer to Apples's Carplay », in *wired.com*, juin 2014, consulté le 22 janvier 2017. https://www.wired.com/2014/06/android-auto/
- « News Announcements from Google : From 1999 to 2015 », in *googlepress.blogspot.be*, consulté le 26 janvier 2017. http://googlepress.blogspot.be/2015
- « Noticeable Lawsuits Against Google », in *pakwired.com*, 2015, consulté le 26 janvier 2017. http://pakwired.com/noticeable-lawsuits-against-google/
- OTHNIN-GIRARD (Florian), « Google, tout ce qu'il faut savoir sur son histoire », in *histoiresdeweb.fr*, février 2013, consulté le 26 janvier 2017. http://histoiresdeweb.fr/google-histoire/
- PAGE (Larry), BRIN (Sergey) *et alii.*, « The PageRank Citation Ranking : Bringing Order to the Web », in *ilpubs.stanford.edu*, 1999, consulté le 29 mai 2017. http://ilpubs.stanford.edu:8090/422/
- PAUL (Ian), « Google's New Privacy Policy : Why

You Should Care », in *pcworld.com*, 25 janvier 2012, consulté le 23 septembre 2017. https://www.pcworld.com/article/248715/googles_tracking_plan_offers_users_benefits_privacy_concerns.html

- PAUL (Ian), « Hewlett-Packard Joins Chromebook Fray with 14-Inch Browser-Based Laptop », in *pcworld.com*, février 2013, consulté le 31 janvier 2017. http://www.pcworld.com/article/2027033/hewlett-packard-joins-chromebook-fray-with-14-inch-browser-based-laptop.html
- PROFIS (Sharon), « Five Ways Google's Unified Privacy Policy Affects You », in *cnet.com*, 1er mars 2012, consulté le 22 septembre 2017. https://www.cnet.com/how-to/five-ways-googles-unified-privacy-policy-affects-you/
- « Registration Statement », in *sec.gov*, 29 avril 2004, consulté le 29 janvier 2017. https://www.sec.gov/Archives/edgar/data/1288776/000119312504073639/ds1.htm#toc16167_11
- SIEGLER (M. G.), « When Google Wanted To Sell To Excite For Under $ 1 Million – And They Passed », in *techcrunch.com*, 29 septembre 2010, consulté le 17 janvier 2017. https://techcrunch.com/2010/09/29/google-excite/
- Site officiel de Google, consulté le 29 mai 2017. https://www.google.com/about/company/
- SULLIVAN (Danny), « A Eulogy For AltaVista,

The Google Of Its Time », in *searchengineland.com*, juin 2013, consulté le 28 janvier 2017. http://searchengineland.com/altavista-eulogy-165366

- « The Google Acquisition Tracker », in *cbinsights.com*, consulté le 29 janvier 2017. https://www.cbinsights.com/research-google-acquisitions
- THOPPIL (Dhanya Ann), « Who Is Google Android's Sundar Pichai ? », in *blogs.wsj.com*, mars 2013, consulté le 25 janvier 2017. http://blogs.wsj.com/indiarealtime/2013/03/14/who-is-google-androids-sundar-pichai/
- TIKKA (Juha-Pekka), « The Greatest Internet Pioneers You Never Heard Of », in *xconomy.com*, mars 2009, consulté le 21 janvier 2017. http://www.xconomy.com/national/2009/03/03/the-greatest-internet-pioneers-you-never-heard-of-the-story-of-erwise-and-four-finns-who-showed-the-way-to-the-web-browser/
- « Timeline of Computer History », in *computerhistory.org*, consulté le 23 janvier 2017. http://www.computerhistory.org/timeline/1937/
- « The Most Famous Image in the Early History of Computing », in *historyofinformation.com*, 28 février 2016, consulté le 23 janvier 2017. http://www.historyofinformation.com/expanded.php?id=2245
- THOMPSON (Andrew), « Google's Vision Statement & Mission Statement », in *panmore.com*, janvier 2017, consulté le

2 février 2017. http://panmore.com/google-vision-statement-mission-statement

- VISE (David), « The Google Story », in *Strategic Direction*, vol. 23, n° 10, 2007.
- « Who Are Google's Main Competitors ? », in *investopedia.com*, décembre 2014, consulté le 26 janvier 2017. http://www.investopedia.com/ask/answers/120314/who-are-googles-goog-main-competitors.asp

SOURCES COMPLÉMENTAIRES

- CASSIN (Barbara), *Google-moi : La deuxième mission de l'Amérique*, Paris, Albin Michel, 2007.
- GIRARD (Bernard), *Une Révolution du Management : Le modèle Google*, Paris, M21 éditions, 2008.
- JEANNENEY (Jean-Noël), *Quand Google défie l'Europe : Plaidoyer pour un sursaut*, Paris, Fayard/Mille et une nuits, 2007.
- RACINE (Bruno), *Google et le nouveau monde*, Paris, Plon, 2010.

FILMS ET DOCUMENTAIRES

- *La face cachée de Google*, documentaire de Sophie Roland, Edouard Britch, Gary Grabli, Vincent Kelner et Aymeric Guillot, France Info, Paris, 2015.
- *Faut-il avoir peur de Google ?*, documentaire de

Stéphane Dottelonde, Sylvain Bergere et Stéphane Osmont, Arte France, Hauts-de-Seine, 2006.

- *Google and the World Brain*, film de Ben Lewis, avec Brendan Price, Nicolas Chapman et Molly Malcolm, Polar Star Films, Espagne, 2013.

SOURCES ICONOGRAPHIQUES

- Larry Page. © Jakub Mosur.
- Sergey Brin. © Steve Jurvetson.

L'éditeur veille à la fiabilité des informations publiées, lesquelles ne pourraient toutefois engager sa responsabilité.

www.50minutes.fr

Éditeur responsable : Lemaitre Publishing
Avenue de la Couronne 159 | BE-1050 Bruxelles
info@lemaitre-editions.com

ISBN ebook : 978-2-8080-0564-7
ISBN papier : 978-2-8080-0565-4
Dépôt légal : D/2017/12603/820
Photo de couverture : © Élise Vanhecke

Conception numérique : Primento,
le partenaire numérique des éditeurs.